AF254002

PASTEUR

UN VILLAGE EN ALGÉRIE

PAR

Stéphane GSELL

ALGER

TYPOGRAPHIE ADOLPHE JOURDAN

IMPRIMEUR-LIBRAIRE-ÉDITEUR

4, Place du Gouvernement, 4

1894

PASTEUR

UN VILLAGE EN ALGÉRIE

PASTEUR

————×·▪·——

UN VILLAGE EN ALGÉRIE

PAR

Stéphane GSELL

————▸◆◂————

ALGER

TYPOGRAPHIE ADOLPHE JOURDAN

IMPRIMEUR·LIBRAIRE·ÉDITEUR

4, Place du Gouvernement, 4

—

1894

A

LOUIS PASTEUR

HOMMAGE DE PROFONDE AFFECTION

PASTEUR

UN VILLAGE EN ALGÉRIE

Dans le département de Constantine, à l'Ouest et au Nord de Batna, s'élève un massif de montagnes, dont le point culminant, le Djebel-Touggour, atteint 2,100 mètres. En partie couvertes de forêts de chênes, de cèdres, de genévriers, elles laissent échapper de leurs flancs des sources assez abondantes ; à leurs pieds, au Nord et à l'Ouest s'étendent les belles plaines de Zana, de Sériana et du Bellezma', riches terrains de culture et de pâturage.

C'est sur le penchant septentrional de ce massif, à vingt-six kilomètres de Batna, qu'est situé le village français auquel une décision du Gouverneur général de l'Algérie a donné, il y a quelques mois, le nom de Pasteur. Le plateau qu'il occupe s'incline doucement vers une vaste plaine, — celle de Sériana, — au Nord et Nord-Est. L'horizon est fermé de ce côté par une chaîne de sommets nus et gris, parmi lesquels se dresse, à trente-cinq kilomètres de Pasteur, le mont Nif-Enser, si bizarrement découpé que les indigènes l'ont comparé à un bec d'aigle. Par derrière, au Sud, quelques coteaux piquetés de maigres broussailles, et, au fond, les hautes montagnes calcaires de Batna, formant un rempart continu. A l'Est et au Sud-Est, deux mamelons sans arbres dominent la plaine de cinquante et de soixante-dix mètres. A l'Ouest, une autre colline, plus haute et aussi aride, forme une longue croupe au-dessus du village.

A une altitude de neuf cents mètres, à cent cinquante kilomètres de la côte, l'air est sec et vif. L'été et l'hiver, le jour et la nuit présentent de grands écarts de température; si la chaleur est forte en juillet et en août, il n'est pas rare qu'il gèle encore en mars et même en avril. Le climat est d'ailleurs très sain. L'élévation du site au-dessus de la plaine (une centaine de mètres) le garantit des fièvres qui règnent souvent plus bas. Les montagnes et les collines voisines tempèrent la violence des vents soufflant de l'Ouest et du Sud. — Au Nord-Ouest, une forte source fournit une eau excellente. L'Oued-Sériana et l'Oued-Kétami, coulant vers le Nord, se creusent de profonds ravins à travers le territoire du nouveau village et peuvent servir à l'irrigation des champs. Quoiqu'un peu léger, le sol calcaire de la plaine qui borde le plateau se prête bien à la culture des céréales; au delà, vers le Nord et le Nord-Est, dans la direction de Tagu et de Fontaine-Chaude, s'étendent de grands espaces, couverts de joncs herbacés et de thyms, terrains de parcours pour le bétail; les pentes des hauteurs environnantes ont été autrefois couvertes d'oliviers, dont quelques-uns subsistent encore.

Ce lieu et, d'une manière générale, le massif des monts de Batna ont été, dès une époque très ancienne, habités par les ancêtres des indigènes actuels, des Chaouïas, qui forment un des rameaux des populations berbères de l'Afrique du Nord. Dans cette région qui leur offrait en abondance des ressources pour vivre, ils pouvaient aisément défendre le bien auquel ils tenaient le plus, leur indépendance. A cinq lieues à l'Ouest de Pasteur, au milieu d'une contrée sauvage qui rappelle certains coins de la Suisse ou de la Savoie, s'élève la montagne de la Mestaoua, haute de seize cents mètres, dont le sommet a la forme d'un plateau bordé par des falaises à pic. C'est une forteresse naturelle presque imprenable, sur laquelle les Chaouïas se sont souvent retirés et d'où ils ont bravé bien des conquérants, Romains, Arabes, Turcs et Français.

L'emplacement qu'occupe aujourd'hui Pasteur était appelé dans l'antiquité Lamiggiga, mot contenant le radical *Lam*, qui se retrouve très fréquemment dans la région, et qui, dans la langue des indigènes, signifie peuple, tribu. C'est une preuve que ce lieu était habité bien avant la venue des Romains. On y a trouvé une inscription tracée en caractères libyques, écriture dont se servaient les indigènes de l'Afrique du Nord et que quelques-uns de leurs descendants emploient encore dans le Sahara.

Au commencement du deuxième siècle après Jésus-Christ, fut établi, dans le camp de Lambèse, à trente kilomètres au Sud-Est de Lamiggiga, le gros des forces militaires que Rome entretenait en Afrique : la place était bien choisie, au pied du massif de l'Aurès, principale citadelle des populations indigènes, au seuil de l'étroit couloir qui est le passage le plus fréquenté entre le Sahara, d'une part, les hauts plateaux et le littoral, de l'autre. Lambèse devint rapidement un foyer de civilisation pour tout le pays environnant. Après leurs vingt années de service, bien des vétérans ne voulaient pas s'éloigner du lieu où ils avaient si longtemps vécu, où plus d'un d'entre eux était né. Ils allaient s'établir dans les coins les plus fertiles de la région, et ainsi furent fondés de nombreux centres, qui prospérèrent vite. A dix-huit kilomètres au Nord-Ouest de Lamiggiga, s'éleva la luxueuse ville de Diana, — Diane des Vétérans, comme elle s'appelait elle-même —, dont les beaux arcs de triomphe, encore intacts au milieu d'une plaine aujourd'hui déserte et marécageuse, sont une image saisissante de la grandeur romaine. En face de la Mestaoua, et près d'un col qu'ont bien souvent franchi les nomades du désert remontant vers les hauts plateaux, elle fut comme un avant-poste de Lambèse. Lamiggiga devint un gros bourg, presque une ville, dont les ruines, du reste sans grand intérêt et consistant surtout en pierres de taille éparses, couvraient naguère encore un espace de huit cents mètres de long sur quatre cents de large. Elle ne semble pas cependant avoir joui d'une autonomie communale complète. Au troisième siècle, elle dépendait de Diana, tout en ayant deux *magistri*, qui étaient en quelque sorte des adjoints spéciaux, chargés, sous la haute surveillance de la municipalité de Diana, de l'administration et de la police du bourg ; un conseil les assistait. Beaucoup de restes de pressoirs à huile attestent le développement que la culture de l'olivier, une des principales richesses de l'Afrique romaine, avait pris dans le pays : sur une inscription qui nous est parvenue, un personnage du lieu se vante d'avoir fait construire de toutes pièces un pressoir. Placée sur la grande route qui, passant par le défilé de Djerma (au Nord-Est de Batna), unissait Lambèse à Diana et plus loin à Sétif, la grande ville maurétanienne, Lamiggiga devait être animée par le passage continuel de marchands, de soldats, de fonctionnaires et d'autres voyageurs. On y a recueilli un assez grand nombre de ces pierres écrites qui gisent partout sur le sol de l'Algérie et de la Tunisie et qui, à défaut de textes d'auteurs, nous permettent de reconstituer l'histoire ancienne de l'Afrique. Ce sont, en général, de courtes épitaphes qui prouvent du moins que ce lieu était devenu bien romain. Souvent, des vétérans de la légion de Lambèse y sont mentionnés. Voici la traduction de deux de ces inscriptions, gravées par

ordre d'un petit employé impérial, et touchantes dans leur naïveté : « Consacré aux Dieux Mânes. A Calendion,
» mon père très pieux. Il a vécu trente-cinq ans. Pour
» que l'on pense que tu as bien fait, que tu as eu raison
» de mettre au monde un fils, moi, ton fils Primus, atta-
» ché aux bureaux des finances de notre Auguste, j'ai
» recueilli tes restes après un long intervalle de temps
» et je t'ai fait élever un tombeau, demeure éternelle
» pour toi ». — « Consacré aux Dieux Mânes. A Veneria,
» ma mère très pieuse. Elle a vécu cinquante ans. Après
» ta mort, ma pieuse mère, ce qui fut à toi a été porté
» à la cérémonie funèbre et enseveli, et, après, tes res-
» tes ont été recueillis, et, pour qu'ils reposent molle-
» ment, je les ai cachés dans un tombeau, moi Primus,
» ton fils, attaché aux bureaux des finances de notre
» Auguste. »

Le christianisme fut adopté avec ferveur par les habitants de toute la région. Partout se voient encore des
ruines de basiliques et de chapelles, datant, pour la
plupart, des quatrième et cinquième siècles. A Pasteur
même, il y avait trois églises, construites côte à côte,
et de dimensions à peu près égales. Dans l'une d'entre
elles, qui mesure vingt-six mètres de long sur quinze
de large, on distingue les restes des deux colonnades
en pierre qui séparaient la nef et les bas-côtés, des petits
piliers et des dalles dressées de champ qui limitaient le
chœur, du tabernacle porté par quatre colonnes qui cou-
vrait jadis l'autel en bois, et, au fond, de la grande abside
arrondie où se tenait le clergé. Un évêque résidait à
Lamiggiga. Par malheur, de violentes querelles reli-
gieuses, nées à la suite de la dernière persécution de
l'Église au début du quatrième siècle, troublèrent cette
contrée pendant bien longtemps. Repoussant toute soli-
darité avec ceux qu'ils accusaient de s'être déshonorés
par leur lâcheté au milieu du péril, les Donatistes fondèrent une église à part qui recruta, au Nord et au Nord-

Ouest de l'Aurès, un très grand nombre de fidèles. A Lamiggiga, comme en bien d'autres lieux, il y eut un évêque donatiste, en face de l'évêque catholique. Il dut en résulter, comme partout ailleurs, des troubles incessants.

Les indigènes des montagnes, soumis seulement en apparence, reprirent espoir, en face de ces luttes qui épuisaient le pays, surtout après que la domination romaine eût été remplacée par celle des Vandales, dont l'énergie s'usa vite sous le climat d'Afrique. A la fin du cinquième siècle et au commencement du sixième, ils descendirent dans les plaines, pillèrent et brûlèrent les villes et les villages, massacrèrent les habitants, détruisant en quelques années l'œuvre de civilisation que Rome avait mis plus de trois siècles à accomplir.

Les Byzantins, après avoir repris l'Afrique aux Vandales, prétendirent du moins en être à peu près les maîtres. Surtout aux abords des massifs montagneux sur lesquels les barbares se maintenaient indépendants, la contrée se couvrit d'ouvrages de défense, construits avec les ruines qui venaient d'être faites. Tout autour des monts de Batna, on retrouve soit de grandes forteresses flanquées de tours, que le gouvernement impérial fit alors élever, — comme à Diana et au milieu de la plaine du Bellezma, — soit des fortins carrés, servant de refuges aux populations des villages de la plaine et faits par elles, « de leurs propres labeurs, avec l'aide de Dieu » et par la providence de l'empereur, » comme le dit une inscription trouvée à quelques kilomètres de Pasteur. Trois de ces fortins subsistent encore au milieu des ruines de Lamiggiga. Avec la sécurité, la vie put renaître. Diana redevint prospère : quand, au septième siècle, le conquérant arabe Sidi-Okba, vainqueur à Lambèse, demanda quelle était la ville la plus forte de la région, on lui répondit que « c'était Diana, où il y avait un roi, » chef des chrétiens du Zab, pays qui comptait trois

» cent soixante bourgades, ayant chacune son émir. »
Lamiggiga dut être un des plus importants de ces
villages groupés autour de Diana. C'était toujours un
évêché. Une lettre curieuse du pape saint Grégoire le
Grand nous apprend que deux diacres du lieu lui avaient
écrit pour se plaindre de l'évêque Argentius, qu'ils accusaient de vendre des fonctions ecclésiastiques et de
vivre d'une manière immorale. Le pape prescrivit une
enquête, dont nous ignorons le résultat; mais il est très
probable qu'elle tourna à la confusion des adversaires
d'Argentius, car, au fond d'une des églises de Lamiggiga, on a tout récemment retrouvé une belle mosaïque,
sur laquelle on lit, au milieu d'un encadrement circu-
laire, cette inscription à la gloire de l'évêque : « Honneur
à ceux qui méritent d'être honorés ! A notre père Argentius, Benenatus à dédié cette couronne en mosaïque. »

La conquête arabe n'entraîna pas la ruine immédiate
de toute cette contrée. Diana ne fut détruite que vers le
milieu du dixième siècle, pour s'être révoltée contre les
souverains fatimides d'El-Mehdia. Nous ne savons pas
si Lamiggiga disparut en un jour, ou si elle fut abandonnée peu à peu. On oublia son nom, et le lieu fut
appelé Sériana, mot dont l'étymologie, probablement
étrangère à la langue arabe, est inconnue. Quant aux
indigènes des montagnes voisines, ils ne se montrèrent
pas plus dociles envers les Arabes qu'envers les Romains et les Byzantins. Les nouveaux venus durent
établir une importante garnison dans la grande forteresse byzantine du Bellezma, située à peu de distance à
l'Ouest de la Mestaoua. Ces colons militaires rançon-
naient le pays et le tenaient à peu près en respect, mais
ils montrèrent tant d'insubordination envers les souverains aghlabites, qu'à la fin du neuvième siècle, l'un
d'entre eux leur tendit un guet-apens et les fit tous mas-
sacrer. Les Berbères, que ce frein seul retenait, se sou-
levèrent de nouveau. Quelques années plus tard, un

prince royal vint pour les combattre, avec une armée de quarante mille hommes ; mais les rebelles, retranchés sur la Mestaoua, déjouèrent tous ses efforts, et, peu après, ils le battirent devant la citadelle du Bellezma : il dut reprendre précipitamment le chemin de Kairouan. Cette grave défaite enhardit les ennemis de la dynastie aghlabite, qui fut renversée peu de temps après.

Au milieu du onzième siècle, la terrible invasion des Arabes Hillaliens jeta sur l'Afrique du Nord un million d'hommes environ. Les uns formèrent des tribus distinctes au milieu des populations indigènes, d'autres se mêlèrent à elles et leur imposèrent plus ou moins complètement leur langue et leurs coutumes. Mais nos Chaouïas se laissèrent trop peu entamer ; on ne connait actuellement qu'une seule tribu arabe dans le voisinage immédiat du Bellezma, les Ouled-Mehenna, sur le mont Messaouda. L'ensemble des monts de Batna, aussi bien que les plaines qui les entourent, restèrent berbères.

A une époque que l'on ne peut fixer avec précision, une famille venue du Maroc parvint à commander dans le pays, dont les habitants formèrent un groupe désigné sous l'appellation collective d'Ouled-bou-Aoun. Sous la domination turque, leurs chefs, cheikhs héréditaires du Bellezma, reconnaissaient pour suzerain le bey de Constantine. C'étaient des vassaux puissants, qui voulaient qu'on les traitât avec des égards et qui souvent se faisaient redouter. Au milieu du dix-huitième siècle, un bey, auquel le cheikh Ali ben el-Guidoum portait ombrage, ne trouva rien de mieux que de lui demander la main de sa fille ; puis, lors d'une entrevue qu'ils eurent à ce sujet, de le faire égorger et d'ordonner le massacre de toute sa famille ; quelques années après, le même bey, se ravisant, donna le commandement des Ouled-bou-Aoun à un fils d'Ali, le jeune Ferhat, qui avait échappé par hasard à cette tuerie. Les cheikhs du Bellezma avaient à compter avec l'insubordination ordinaire de leurs sujets : des émeutes éclataient fréquemment, et plus d'une avait pour cause apparente quelque querelle divisant les membres de la famille princière. Quant aux colonnes turques envoyées dans la région pour recueillir l'impôt, elles étaient souvent fort mal reçues, et, à plusieurs reprises, à la fin du siècle dernier et au commencement du nôtre, les beys durent se présenter eux-mêmes pour châtier les rebelles. Ceux-ci montaient, comme leurs pères, sur la Mestaoua, et il était bien difficile d'avoir raison d'eux. Cependant, en 1774, le bey Mustapha el-Ouznadji les assiégea de près, leur enleva l'unique source située au bas du plateau, et les réduisit à se rendre. Dans une légende locale qui a gardé le souvenir de cette expédition, il est dit que la Mestaoua était une belle vierge farouche, dont nul homme n'avait pu triompher : survint un cavalier, aux éperons d'or, qui poussa un cri et la dompta.

En 1837, après la prise de Constantine par les Français, le cheikh du Bellezma, Mohammed ben Bouaziz, y vint faire sa soumission. Mais les intrigues des envoyés d'Abd el-Khader et le voisinage de l'ancien bey Ahmed, qui, après avoir perdu sa capitale, tint la campagne pendant onze années encore dans le Sud de la province, le décidèrent à se tourner de nouveau contre nous.

Notre autorité ne fut reconnue chez les Ouled-bou-Aoun qu'à la suite de la grande expédition du duc d'Aumale à Batna, Biskra et Ngaous, dans les premiers mois de l'année 1844. Mohammed ben Bouaziz fut destitué, le commandement que sa famille exerçait dans le Bellezma et aux alentours fut amoindri. Le canton de Sériana, dont les habitants se nomment les Tlets, fut placé, au point de vue administratif, sous la dépendance du caïd de Batna.

Quelques années plus tard, plusieurs européens s'établirent dans le pays. En 1858, un habitant de Philippeville, commençant l'exploitation des forêts, installa une scierie dans la montagne au Sud-Ouest de Sériana. En 1860, elle fut achetée par Prudhomme, qui construisit des chantiers sur plusieurs points et une usine à vapeur, et fit ouvrir une piste carrossable qui, passant par Sériana, allait rejoindre, à l'Est de ce lieu, la route de Constantine à Batna. L'établissement central était à l'endroit dit Oued-el-Ma. Cette exploitation occupait d'ordinaire une quarantaine d'européens et un très grand nombre d'indigènes.

Mais les Chaouïas restaient animés contre nous de sentiments très hostiles. Dans le pays, l'insécurité était complète : refus d'obéissance aux caïds et cheikhs, devenus nos agents, vols, incendies, et même assassinats d'ouvriers européens, des méfaits, des crimes de toute sorte se succédaient et restaient en général impunis. On dut se décider à frapper un coup de force.

Le lieu appelé le Guergour est situé à une douzaine de kilomètres à l'ouest de Pasteur, en pleine montagne et au-dessous de la Mestaoua. Tantôt le sentier, très difficile à suivre, qui y conduit se faufile entre des éboulis de rochers, qu'entourent des lentisques, des genévriers et des palmiers nains, tantôt il s'accroche à une pente presque abrupte, tantôt il s'enfonce dans le lit desséché d'un torrent. L'étroit plateau du Guergour, dont le site rappelle Constantine, est accessible seulement d'un côté, à l'Est; ailleurs, de profonds ravins avec des falaises droites forment des fossés infranchissables. Des corbeaux y croassent. Tout autour se dressent des montagnes au dos arrondi, semées çà et là de broussailles. Au Nord, une longue fente verticale laisse voir une prairie verte et largement éclairée, qui tempère un peu la sauvagerie de ce morne paysage. — Il existait à cet endroit un village berbère, véritable nid de vautour. Une famille de marabouts, riche et très vénérée, y vivait; on venait de loin les consulter et une école renommée était ouverte dans leur maison. Aujourd'hui encore, on voit au Guergour le tombeau du plus célèbre d'entre eux, Mohammed ben Belkassem, mort en 1853. Le cercueil, recouvert d'étoffes aux couleurs criardes, flanqué de quatre étendards, est placé au centre d'une chapelle que surmonte une coupole ; des fleurs et des préceptes sont peints sur les murs de la salle ; la porte en bois est garnie de clous de cuivre qui forment des dessins géométriques. Au-dessus, se lit cette sentence : « C'est Allah qui a créé le monde, et c'est lui qui le » maintient. De la bonté d'Allah naît tout ce qu'il y a » de bon ici-bas. » Et, au-dessus des petites fenêtres grillées qui flanquent la porte, sont peintes deux autres phrases : « Allah voit celui qui voit le tombeau. » — « Qu'Allah te protège et te donne toutes les prospérités, » mais contente-toi de ses dons! » Le fils de ce Mohammed, Mohammed Salah, hérita de l'influence paternelle. Il s'en servit pour aviver la haine des indigènes contre les Français, et pour les exciter à la rébellion contre le caïd des Ouled-bou-Aoun, son ennemi personnel. On l'accusa d'avoir donné asile aux meurtriers de plusieurs Européens employés dans les scieries de Prudhomme. En tout cas, le Guergour était le lieu de ralliement des factieux. Il fallait en finir. En 1864, une colonne expéditionnaire se rendit dans ce village et le détruisit ; le marabout fut arrêté et envoyé en Corse avec quelques-uns de ses disciples. En 1874, ayant obtenu l'autorisation de revenir en Afrique, il alla s'établir à Djerma, à l'est de Pasteur : il y est mort en 1891 et son corps, ramené au Guergour, repose aujourd'hui auprès de celui de son père.

Le pays fut pacifié, mais pour quelques années seulement. Au printemps de 1871, les indigènes qui avaient servi en France rapportaient les récits de nos humiliantes défaites. Déjà, dans l'Ouest de la province de Constantine, le bach-agha Mokrani s'était soulevé et, en mars, avait incendié la petite ville de Bordj-bou-Aréridj. Ses agents parcouraient le pays à l'Ouest de Batna, cherchant à y provoquer l'insurrection. Le caïd du Bellezma, qui pourtant, dans la suite, nous resta fidèle, osait dire à un colon : « Les Français vont disparaître et bientôt je » porterai mes lettres au bureau arabe anglais ». Les Ouled-bou-Aoun, tout disposés à la révolte, trouvèrent deux chefs, un bandit, Ahmed ben Rahmoun, et un paysan mécontent de son caïd et exalté par les promesses de Mokrani, Slimane ben Drouhaï. Les Tlets de Sériana se joignirent à eux et, partout, ils comptèrent parmi les plus acharnés. Le 21 avril, dix-sept Européens, hommes, femmes et enfants, étaient massacrés dans la scierie Sallerin, au Sud du Bellezma. Le 22, les fermes situées aux abords de Batna, au Nord et à l'Ouest, étaient mises au pillage et les colons égorgés. Sur la route de Constantine, un charretier était assassiné à quatorze kilomètres de Batna ; d'autres, attaqués un peu plus loin, n'échappaient qu'avec peine à la mort. Vingt-trois Européens se trouvaient réunis à l'usine Prudhomme, à l'Oued-el-Ma. Le 21 au soir, se sentant entourés d'ennemis et craignant qu'on ne mît le feu à leur logis pendant la nuit, ils descendirent à une maison forestière, située près d'une grande ruine romaine, M'àfouna. Mais le lendemain, comme il leur était impossible de rester dans cette baraque en planches, sans provisions ni munitions, ils se dirigèrent vers Batna, à travers la montagne, escortés par le cheikh de l'Oued-el-Ma, qui répondait de leur salut, et par une quarantaine d'indigènes. Après avoir rebroussé chemin une première fois devant le danger menaçant, ils parvinrent à l'endroit qu'on nomme le Ravin-Bleu ; là, ils rencontrèrent une nombreuse bande de pillards qu'une sortie des habitants de Batna avait mis en déroute. On chercha à parlementer : « Comment, répondit un de ces forcenés, mes entrailles » pendent à terre, et tu veux que nous fassions grâce? » Le combat s'engagea ; le cheikh, qui avait jusque-là accompagné les Français, s'enfuit à toute vitesse, les autres indigènes se mirent du côté des insurgés. Douze Européens furent massacrés et dépouillés de leurs armes et de leurs vêtements ; un enfant eut le ventre ouvert d'un coup de couteau ; une femme fut enlevée par un bandit et subit d'indignes traitements ; sa petite fille mourut des coups qu'elle reçut. Les autres purent s'échapper en se cachant derrière les broussailles. — Les jours suivants, Fesdis et El-Mahder, villages voisins de Batna, étaient détruits.

Le colonel Adeler, qui commandait alors la subdivision de Batna, était parti pour Biskra, où il avait étouffé un commencement d'insurrection. Il revint précipitamment et agit avec vigueur. Le 5 mai, à Djerma, le gros de la tribu des Tlets vint lui faire sa soumission. Mais les plus fanatiques, se joignant à un grand nombre d'Ouled bou Aoun, allèrent occuper la Mestaoua. Adeler et le colonel Marié, qui venait d'arriver de Constantine à la tête d'une colonne de secours, résolurent de les y assiéger. Le 18 mai, commença le bombardement, dirigé surtout contre les abords de la source qui coule au-dessous du plateau : il était à prévoir que, vaincus par la soif, les assiégés se rendraient à discrétion au bout de peu de jours. Par malheur, Marié reçut le lendemain l'ordre de se porter en toute hâte sur Sétif, menacé par Mokrani, et, comme il fallait en finir avec la Mestaoua avant son départ fixé pour le 21, les deux colonels durent renoncer aux lenteurs d'un blocus et ordonner l'assaut. Impétueusement, les zouaves du commandant Hervé, — qui est aujourd'hui général en chef de notre armée d'Afrique, — et les tirailleurs se précipitèrent par la rampe étroite qui menait au sommet de la montagne. Mais les assiégés, qui les dominaient, les écrasèrent sous des quartiers de roc, qu'il leur suffisait de pousser du bord du plateau. En peu d'instants, nos troupes eurent treize hommes tués, dont trois officiers, et cent dix-huit blessés. Il fallut renoncer à une entreprise trop meurtrière. Le 22 mai, Marié partit pour Sétif; Adeler, ne voulant pas paraître fuir, resta encore plusieurs jours devant la Mestaoua, qu'il ne pouvait plus espérer réduire par un bombardement, car il ne lui restait que très peu d'artillerie; le 29, il rentra à Batna. Au pied de la montagne, se voit aujourd'hui, au milieu d'une pauvre clôture, un socle, pris à quelque ruine voisine, où on lit ces simples mots : « Aux officiers, sous-officiers et » soldats, tués le 21 mai 1871. »

Après cet échec, notre autorité fut presque entièrement méconnue dans la région située à l'Ouest de Batna ; nous étions d'ailleurs incapables de défendre ceux qui, en petit nombre, nous demeuraient fidèles. Les Tlets, oubliant leur soumission du 5 mai, se signalèrent par beaucoup d'actes de brigandage. Un jour, ils se joignaient aux bandes de Slimane ben Drouhaï et d'Ahmed ben Rahmoun, pour entreprendre une attaque furieuse contre la demeure seigneuriale du caïd du Bellezma, resté dans le devoir. Un autre jour, ils mettaient le feu à la ferme de Taga, propriété du caïd de Batna, située dans la plaine au Nord-Ouest de Sériana, et ils razziaient tous les troupeaux. A la fin de juillet, ils venaient sur la route de Constantine au milieu de la nuit, tombaient sur des indigènes chargés de garder un poste, leur enlevaient leur bétail et en massacraient une vingtaine. — Enfin, au mois de septembre, la colonne du général Saussier, après avoir pacifié la partie occidentale du département de Constantine, arriva dans le Bellezma. Ceux des Chaouïas qui avaient le plus de motifs de craindre un châtiment mérité se retirèrent, encore une fois, sur la Mestaoua. Avec les forces dont les Français disposaient alors, il eût été facile de venger la défaite du 21 mai ; cependant, l'incapacité du nouveau commandant de la subdivision de Batna, le colonel Flogny, qui avait reçu l'ordre de combiner ses opérations avec celles du général Saussier, permit à une partie des rebelles de s'échapper ; quant aux autres, on se contenta d'exiger d'eux l'évacuation du plateau.

L'insurrection était désormais vaincue. Les Tlets s'y étaient fort compromis : aussi prononça-t-on le séquestre collectif de leurs terres. En 1881, ce canton, qui, jusque-là, avait dépendu du bureau arabe de Batna, fut placé en territoire civil et confié à l'administrateur de la commune mixte d'Aïn-el-Ksar (d'abord appelée commune de Batna). On s'occupa presque aussitôt de la création d'un centre européen à Sériana, que son heureuse position et la fertilité de son sol désignaient tout naturellement. Une étendue de mille huit cent quatre-vingt-trois hectares fut réservée aux futurs colons.

Les Tlets ont conservé le reste, c'est-à-dire neuf mille hectares, dont près de deux mille sont propres à la culture. Comme dans les autres tribus de la région, la propriété individuelle n'existe pas chez eux, toutes les terres sont possédées en commun par l'ensemble des habitants du douar, chacun d'eux n'ayant que la jouissance du terrain qu'il cultive. Ils ont d'assez nombreux bestiaux : cette année, 127 bœufs, 4,460 moutons et 3,675 chèvres ont été recensés. La population est d'environ dix-sept cents sujets. Au printemps, plusieurs familles d'habitants du Sahara s'établissent chez eux, après avoir conclu un accord avec leurs chefs, et font paître des troupeaux ; en octobre, elles reprennent le chemin du Sud. D'autres se sont fixées dans le pays et ont obtenu l'autorisation de cultiver quelques arpents de terres. — Dans la montagne, à trois kilomètres au sud-ouest de Pasteur, s'élèvent les masures du petit village indigène de M'taras, où, après l'exécution de 1864, se sont réfugiés la plupart des habitants du Guergour. C'est là qu'habite Mohammed Seddik, marabout qui nous a donné des gages de fidélité en 1871. Une école musulmane ne reçoit guère qu'une dizaine d'enfants.

Le territoire de colonisation fut alloti dans le courant de l'année 1882 : outre les espaces réservés pour former la dotation des services publics, on constitua trente-neuf concessions. L'année suivante, les colons y furent installés, et, en 1886, ceux qui avaient satisfait aux conditions exigées (construction d'une maison, entreprise de travaux agricoles) reçurent leurs titres de propriété. Chaque concession se compose : 1°) d'un lot urbain à bâtir, de mille mètres carrés; 2°) d'un lot de jardin de vingt ares environ; 3°) d'un lot de vigne d'un hectare; 4°) et 5°) de deux lots de ferme, formant un ensemble de trente-cinq à quarante hectares : lot de première zone de dix hectares, lot de deuxième zone de vingt-cinq à trente. En outre, l'année dernière, le Domaine a vendu des lots dits industriels, d'une superficie de trente à cinquante ares. Une société, formée pour l'exploitation des forêts voisines, en reçut la concession sur un espace de vingt-trois mille hectares, et on lui réserva, pour ses ouvriers, trois cents hectares dans le nouveau centre.

Le village a d'abord été désigné sous le nom indigène de Sériana. Ce fut seulement au mois de novembre 1893 que le Gouverneur général de l'Algérie décida qu'il s'appellerait désormais Pasteur, sur la proposition de l'administrateur de la commune mixte d'Aïn-el-Ksar, M. Bédouet, tout dévoué à la prospérité d'une œuvre de civilisation qui lui fait honneur.

Voici la lettre que M. Cambon écrivit à cette époque à M. Pasteur : c'est l'acte de baptême de notre village.

« Alger, le 20 novembre 1893.

» Monsieur,

» Voulant vous témoigner la reconnaissance particu-

» lière que vous porte l'Algérie pour les immenses
» services que vous avez rendus à la science et à
» l'humanité par vos belles et fécondes découvertes,
» j'ai décidé que votre nom serait donné au village de
» Sériana, situé dans l'arrondissement de Batna, dépar-
» tement de Constantine.

» Je suis heureux d'avoir pu rendre ce faible hom-
» mage à votre illustre personne.

» Veuillez agréer, Monsieur, l'assurance de ma haute
» considération.

» CAMBON. »

Pasteur s'est accru rapidement. Les habitants, pour
la plupart originaires du Midi, surtout de la Vaucluse,
de la Drôme et de l'Isère, étaient soixante-seize en 1887
et cent soixante-cinq en 1891. Les naissances sont nom-
breuses, et la maison d'école, dont la petite tour carrée,
portant une horloge, rappelle de loin le clocher d'une
église, peut à peine contenir les enfants qui la fréquen-
tent. Près d'un kilomètre avant d'arriver au village,
commence une belle allée d'érables, de mûriers, de
trembles, d'acacias, d'ormeaux et de platanes, déjà
grands ; d'autres arbres ombragent les larges rues droites. Les maisons, — une quarantaine environ — n'ont
qu'un rez-de-chaussée ; elles sont bâties en pierres de
taille ou en moellons empruntés aux ruines de Lamiggiga, et, en plus d'un endroit, on trouve employés dans
les constructions des restes de pierres écrites brisées
à coups de masse, ce qui fait saigner le cœur des archéo-
logues. Des chapiteaux de colonnes, des socles, des fûts,
des pilastres forment des bancs pittoresques en avant
des portes ; des ceps de vigne grimpent le long des
murs, et les toits en tuiles rouges jettent sur l'ensemble
une note gaie. La source qui naît au Nord-Ouest att-

mente deux fontaines, dont la plus grande, au Sud, sera bientôt surmontée du buste de M. Pasteur. L'eau coule abondamment le long des trottoirs. Ce village a un aspect propre, coquet, animé. Un marché s'y tient tous les mardis ; il n'est pas encore bien important : la perception des droits d'entrée a été adjugée pour treize cents francs par an.

La sécurité, qui laisse tant à désirer dans bien des parties de l'Algérie, est à peu près complète ; les vols sont rares : les Tlets paraissent s'être résignés au nouvel état de choses. On a cependant eu tort de ne pas doter Pasteur d'un réduit défensif, qui servirait de refuge en cas d'insurrection.

Quelques vignes ont été plantées sur les pentes voisines. La plaine se couvre chaque année de moissons de blé et surtout d'orge. Pour irriguer leurs champs, vingt-neuf colons ont formé un syndicat : chacun d'eux dispose tous les quatorze jours et demi, soit de midi à minuit, soit de minuit à midi, des eaux de l'oued Kétami. Les détails de ce règlement rappellent d'une manière bien curieuse un document que nos braves gens ignoraient tous : une longue inscription antique, trouvée à quelques lieues de là, qui détermine la distribution de l'eau d'irrigation entre les propriétaires romains.

Une route carrossable relie Pasteur à Batna ; une piste qui, au col de Djerma, se détache de cette route vers l'Est, conduit à la station de chemin de fer d'El-Mahder et à la route de Constantine à Batna ; une autre piste, traversant la plaine, aboutit à Fontaine-Chaude qui se trouve sur la même route et la même voie ferrée. Enfin, l'on est en train d'établir, à travers la montagne, une chaussée carrossable qui, de Pasteur, conduira dans la direction du Sud-Ouest au Bellezma, plaine riche en céréales et centre d'un très gros marché.

Il ne faut pas cacher non plus les points noirs. Beaucoup de colons n'avaient pas de capitaux suffisants ;

plusieurs années mauvaises ou médiocres ont épuisé leurs ressources et abattu leur énergie. Plus d'un, n'ayant plus à craindre d'être évincé après l'acquisition définitive de ses titres de propriété, a renoncé à cultiver lui-même sa concession et l'a abandonnée à des indigènes : moyennant la moitié de la récolte, si le propriétaire fournit les semences, les quatre cinquièmes, s'il donne à la fois les semences, les charrues et les bêtes, le quart seulement, s'il ne prête que le terrain nu. Ce mode d'exploitation ne rapporte guère : on sait combien la culture indigène est peu intensive. Le revenu est de quelques centaines, d'un millier de francs à peine, ce qui est bien maigre pour nourrir toute une famille. On tombe dans la gêne, on emprunte sur hypothèque, puis vient la vente, volontaire ou forcée. La propriété est achetée à bas prix par un voisin plus heureux ou par quelque petit capitaliste de Batna. Celui-ci, qui d'ordinaire ne réside pas, se contente de percevoir à date fixe ce que lui doivent les indigènes établis sur ses champs. En réalité, ce sont des rentes prélevées par des particuliers sur le travail des anciens possesseurs du sol, contraints désormais d'en être les simples locataires. Singulier résultat de la création de centres européens et de la concession gratuite à des particuliers des terres séquestrées par l'État !

La compagnie forestière n'a pas installé de chantiers et, au bout de dix ans, sa concession a été déclarée caduque. Les trois cents hectares qu'on lui destinait ont été divisés en onze concessions nouvelles. Les routes qui partent de Pasteur demandent à être améliorées et complétées: celle de Batna franchit le col de Djerma par des pentes beaucoup trop fortes; la piste d'El-Mahder est impraticable par les mauvais temps; la route du Bellezma n'est pas encore achevée.

Mais on ne doit désespérer de rien. Pour assurer le développement régulier de Pasteur, il suffirait de quel-

ques bonnes récoltes, arrachant bien des colons à une
gêne momentanée; il faudrait peut-être aussi un peu
plus d'esprit d'initiative de leur part. En reprenant pour
leur propre compte la culture de leurs champs et en
dirigeant le travail des indigènes, ils obtiendraient des
rendements beaucoup plus forts. La culture de l'olivier
peut, comme à l'époque romaine, donner de bons résul-
tats, l'élevage du bétail aussi. — L'exploitation des
forêts était assez active avant l'insurrection de 1871 :
il conviendrait de la reprendre. Les montagnes qui
dominent Pasteur cachent peut-être quelques richesses
minérales : on y a constaté des traces de cuivre.

Le Gouverneur de l'Algérie a eu raison de donner le
nom d'un grand Français à notre village, construit presque au pied de cette Mestaoua, où le sang français a
largement coulé. Héritier d'une ville que fondèrent de
vieux soldats romains désireux de repos, mais prêts à
reprendre les armes à la première menace, il doit être,
au milieu de populations obstinées dans leur intraita-
ble barbarie, un témoignage durable et une noble justi-
fication de notre conquête. Je ne puis mieux terminer
cette notice que par la lettre émue que M. Pasteur
adressait, le 25 novembre 1893, à M. Cambon :

« Paris, 25 novembre 1893.

» Monsieur le Gouverneur général,

» Vous m'avez fait le très grand honneur de m'annon-
» cer, par votre lettre du 20 novembre, que vous aviez
» décidé de donner mon nom au village de Sériana,
» situé dans l'arrondissement de Batna, département de
» Constantine. J'éprouve une émotion profonde à savoir
» que, grâce à vous, mon nom restera attaché à ce coin
» de terre. Lorsqu'un enfant de ce village demandera

» l'origine de cette dénomination, je souhaiterais que
» l'instituteur lui apprît simplement que c'était le nom
» d'un Français qui a beaucoup aimé la France, et qu'en
» la servant de son mieux il a pu contribuer au bien de
» l'humanité.

» La pensée que mon nom pourra éveiller un jour
» dans l'âme d'un enfant le premier sentiment de patrio-
» tisme me fait battre le cœur. Je vous aurai dû dans
» ma vieillesse cette grande joie. Je vous remercie plus
» que je ne saurais dire et je vous prie de vouloir bien
» agréer, Monsieur le Gouverneur général, l'assurance
» de ma plus haute considération.

» L. PASTEUR. »

J'indique ici quelques livres et mémoires qui m'ont été très utiles :

Domergue, *La région de Batna et la colonisation. Sériana.* Batna, 1890, in-8°.

Ragot, *Le Sahara de la province de Constantine*, dans le *Recueil des notices et mémoires de la Société archéologique du département de Constantine*, XVI, 1873-1874, pages 222 et suivantes. — Domergue, *Sériana*, ibid., XXVII, 1892, p. 116 et suiv. ; Moliner-Violle, même volume, p. 179 et suiv. ; Vars, même volume, p. 316 et suiv.

Pallu de Lessert, dans la *Revue de l'Afrique française*, 1886, p. 68. — Luciani, même revue, 1888, p. 313 et suiv., p. 337 et suiv.

Notes manuscrites que M. Luciani a bien voulu me communiquer.

Diehl, dans les *Comptes rendus de l'Académie des inscriptions et belles-lettres*, 1893, p. 75 et suiv.

Graillot et Gsell, dans les *Mélanges d'archéologie et d'histoire*, publiés par l'École française de Rome, XIV, 1894, 5ᵉ fascicule.

Recueil des inscriptions latines, publié par l'Académie de Berlin, VIII, p. 440 et 1774.

Rinn, *Histoire de l'insurrection de 1871 en Algérie* (Alger, 1891), livre II, chap. x ; l. III, ch. vii ; l. IV, ch. v.